Espiga entre los dientes

MUSEO SALVAJE
Colección de poesía
Homenaje a Olga Orozco

Homage to Olga Orozco
Poetry Collection
WILD MUSEUM

Carlos Calero

Espiga entre los dientes

Nueva York Poetry Press

Nueva York Poetry Press LLC
128 Madison Avenue, Office 2RN
New York, NY 10016, USA
Telephone number: +1(929)354-7778
nuevayork.poetrypress@gmail.com
www.nuevayorkpoetrypress.com

Espiga entre los dientes
© 2024 Carlos Calero

ISBN-13: 978-1-958001-68-4

© *Poetry Collection*
Wild Museum 63
(Homage to Olga Orozco)

© Publisher & Editor-in-Chief:
Marisa Russo

© Blurb:
Carlos Villalobos

© Cover Designer:
William Velásquez Vásquez

© Layout Designer:
Agustina Andrade

© Author's photograph
Author's personal archive

© Cover Artist:
Philipp Anaskin

Calero, Carlos
Espiga entre los dientes / Carlos Calero. 1ª ed. New York: Nueva York Poetry Press, 2024, 116 pp. 5.25" x 8".

1. Nicaraguan Poetry 2. Costa Rican Poetry 3. Central American Poetry

All rights reserved. No part of this publication may be reproduced, distributed, or transmitted in any form or by any means, including photocopying, recording, or other electronic or mechanical methods, without the prior written permission of the publisher, except in the case of brief quotations embodied in critical reviews and certain other non-commercial uses permitted by copyright law. For permissions contact the publisher at: nuevayork.poetrypress@gmail.com.

*En la hierba, que cubra
causas y consecuencias,
seguro que habrá alguien tumbado
con una espiga entre los dientes,
mirando las nubes.*

WISLAWA SZYMBORSKA

*Tengo que salir al verdor que está lleno
de recuerdos, y ellos me siguen con la mirada.*

TOMAS TRANSTRÖMER

Defensiva

En sus migraciones literarias Kavafis
recorre una ciudad de paja y piedras
que lanza contra sus dioses.
Tabernas, deidades descabezadas
por desconfianza del sexo a escondidas.
Abandona su sol en el mapa ciego del
      Mediterráneo.
Kavafis deja una tripulación de desamores
en barcos y rostros desconocidos,
a pesar de un no desde su silencio obligado.
La patria poética lo atormenta en las tabernas.
Recuerda y el paisaje en huida es la gloria que
      viene a menos,
durante una taza de leche o el vino,
una cabellera y la diosa oculta sin sus ojos.
Alguien rompe tu puerta y grita:
¿Por qué no conoces a Kavafis?
No hay razón para responder:
El extranjero que salve su vida,
que no renuncie a la nostalgia ni a sus amantes.
Kavafis, reposado, habla con su memoria,
entre callejuelas secretas
y tazas de café agrio durante el exilio.
Un tabernero, oscuro y perverso, limpia sus
      bigotes anchos
y masca con burlas su odio homofóbico.

Una diosa grita, sin ebriedad, que su boca ya no
 escupirá
a este poeta y tampoco le negará gloria al
 nombrarlo
en los infiernos de un poema,
durante el amanecer, en otro país sin recuerdos.
Kavafis, en las bolsas, guarda una onza de sal
para cuando no sufran en la distancia sus ojos.

SEÑOR BAUDELAIRE, ENCONTRÉ UNA COPLA

Señor Baudelaire, no encuentro su memoria
    en las tabernas ni la noche.
Esta vez "No había donde ir",
    te diría Robert Graves.
Sí, señor, no puedo ni debo decir
    amores impuros.
Son fragmentos con escenarios y banquetes
donde usted enfrenta a los amantes idiotas,
cuando el amor se excede en salvar los universos.
Espero que la belleza no sea un "ensayo escolar".
Señor Baudelaire, muéstrenos sus dientes.
Nadie imagina sus encías, su corazón ni su sangre.
Sé que ninguno osará asaltar una tienda
    iluminada por sus ojos.
No, señor, poeta, su obra enseña
que la insolencia no es asunto que usurpe
nuestro respeto a los maestros.
El arte no es manosear, únicamente, sílabas con
    un alfabeto.
Sé de su poder y las armas.
    Se le ve libre y satisfecho.
Sé del conocimiento y lo bello
hasta esperar desnudos el alba.
Uno duerme y el pavor despierta con un animal.
Beber sangre no lo consideramos saludable,
salvo que se trate de salvar un poema.

El mundo, aunque pálido, con acertijos
    se ruboriza.
La audacia dice que la poesía medica, sana o salva.
Sería bueno que un hada o un licántropo aclaren
    este asunto.
El miedo oculta la fuerza del deseo.
No digamos que la ficción puede amarrarnos a la
    tumba.
Señor Baudelaire, cada quien reina con su
    inocencia
para medir la superficie del infierno.
Señor Baudelaire, por accidente o casualidad,
esta noche he llegado a un texto
ajeno a su geografía lectora:
    "Coplas de las bendiciones".
Y después dije: no tengo camisa,
    tampoco palabras;
no encuentro capa para salvarme
del derrumbe y el frío entre las nevadas.
Señor Baudelaire, no le pido ser generoso.
Ya no huyo ni hablo a los pájaros.
No me valgo de Dios, no me apetece la gloria.
Se perderá el mundo y el recuerdo
    de una elegía inminente.
Señor Baudelaire, no se asombre cuando vea que
    me alejo
y prolongo la caída del ancla
en una cesta tejida por el infortunio.

Si me lo permite, poeta,
puedo colocar palabras y árboles en las bahías
donde ha dejado de ser la salvación el cielo
y el precipicio que estalla
cada vez cuando apresuramos la tumba
y escondemos en nuestro cráneo un poema.

Panero y sus bocanadas de tabaco

El mejor disfraz para encubrir la locura
es la camisa sin fuerza del mundo,
amarrada a un zapato o al sexo de los amantes.
Es el absurdo.
¿Será real alimentarse con lo que vomita
      un pájaro?
Nos disfrazamos convencidos
de que lo eterno no te pertenece.
Salimos de nuestra caja funeraria.
Con un fósforo limamos nuestras uñas.
Abrimos la botella de plasma y coca cola
sin sacarnos el escombro de los ojos.
Deben apartarse la soledad y la lluvia,
porque no te espera un ángel entre las palabras.
Arrebatemos la ración de manicomio
a quien se extravía entre tu bañera o
      el dormitorio.
José María Panero es necio.
Está junto a mi mesita de madera
con una guerra de las cosas,
que no son las mías, soy honesto,
pero me conmueven.
Y le da por lanzar bocanadas de tabaco
a la grieta que parte mis ojos.

ESQUELETOS

Para el poeta Carlos Bonilla.

Cuando otros esqueletos te crucifican no hay tormentas pequeñas en tu memoria. No te derrumban los montes calizos. Los clavos en los huesos atraviesan lo bueno y lo malo de quienes escupieron lo injusto en tus ojos. No se volverá masa negra el viento. No duplicarán las cruces astilladas. Por las buenas, no renuncia un emperador, a pesar de que el dolo y el incesto habitan el reino. No se duplican las cruces rotas. No llega tu madre a consolarte ni a darle un beso a tus heridas. No te sangrarán el costado ni las rodillas. No hay voz para anunciar la resurrección ni tu sepultura. No hay desconsuelo ni orfandad en el corazón oscuro de quienes te odian. No aparece, otra vez, quien te ofreció agua y esperanzas para que el ser hoy no sea un abismo ni homicidios. Llevarán tu cuerpo a los mares, con un tiempo de pestes y denarios dentro del manto de un centurión, que significa burlar a la vida. El equilibrio y salvarse son más promesas postergables, mientras se hunde la tierra y el hielo consume el retorno de los gansos que conquistan el cielo, desde que giraron las primeras estrellas. Cuando los otros esqueletos socaven los hilos de tu sangre, se endurecerán mis labios. No me salvaré de la soledad. No corromperé mi destino con metal ni veneno. No evitaré ser el homicida de las profecías con portones y alarmas para custodiar fortunas sucias y mal habidas. Cuando los otros esqueletos se armen con sombras y chasqueen sus dentaduras, un animal de ceniza y espinas desmontará los poderes de tu carne y te arrastrará, lanzará saliva y teñirá con sangre las colinas, y no se saciará con verte más hueso y más polvo que ellos; porque desean más lamento, más súplicas, más un final de esqueletos extrañamente disfrazados, con más olvido de que algo habrá en la memoria para avergonzarse, en vano, ante los huesos dispersos y acumulados en la voz de quienes temen ser profetas o a propósito no quieren recordar tu historia.

DEMONIOS

Hay noches y los demonios intentan jalarte
        de los brazos,
hacen esfuerzos y les crujen los dedos
para cegar tu resistencia
de ángel armado con reclamos.
A la par, sus alas y escamas,
donde los íncubos tensan los músculos
y sobrepujan para que la vida rompa
        tus intestinos.
Los demonios atacan desnudos.
Las llamas los estorban,
necesitan aire, buscan un cuerpo húmedo
bajo el universo de vicios y vértices
en que convergen el desamor con el olvido.
Por eso eligen un corazón débil.

TRAPECISTAS

Ascienden sobre hilos frágiles y la noche; no traman contra quien les ofrece un barrio o los aplausos con hogueras y lo que salva una carpa de circo, para atestiguar que los trapecistas no mueren en los vacíos mortales. Sagaces se alojan en el vientre de las mujeres, crean leyendas de amores y ciudades. Los trapecistas se tatúan barcos, seducen con tensiones sin caídas, descubren el sexo en los baños de los bares. Ya ancianos, enseñan sus artes a quienes deciden dormir en las carpas o colinas y se quedan mirando el cielo, mientras honran a sus antiguos padres. Y vuelan libres para colgarse con músculos de murciélagos que engañan a los sueños.

LOS PERROS MIRAN AL MAR

Los perros ladran, hambrientos, al mar
y su apetito suelta un fantasma en la sal.
Los perros dejan sus glándulas
en el rojizo horizonte de las mareas
y una muralla de piedra,
para que la memoria retorne a las redes.
Los perros miran al mar
como remos en barcos de aire.
Los perros no esperan a que el agua les coma
sus uñas y corren y corren para salvarse,
mientras la gran mole de agua
arrastra la tarde contra seis océanos y un mundo,
donde la vida se lanza hacia las jaurías
que combaten para que la sal,
los pájaros y náufragos los ayuden.
La marea deja rayas perpetuas sobre la arena.
Los perros miran al mar.

OLFATO

Algo sagrado o el misterio
es lo último que existe
detrás de una arboleda o un batracio
en la mancha verde brasileña.
La fosa en que nos encontrarnos
con sinónimo de vida o útero,
resulta movediza y un fragmento
de filosofía que se acerca al instante
o el placer del agua que hay en un vaso.
Nos agobia lo que emerge de nuestro aliento
y amanece amoroso en nuestra almohada.
Insistimos vivir en huida entre madrigueras abiertas
y la cicatriz de la infancia que significa
la inocencia del hielo de Ottawa, tal vez.
Un mapache, con cara de pillo,
respira atrapado entre desechos de computadoras,
en sus colmillos se convierte el hambre
en un pastizal del reflejo
junto al lote de cuchillos DAMASCUS
que acechan y nos hacen pensar
en lo infinito y afilado de los exterminios.
Nadie me explica qué hay en una calavera de familia,
o lo enigmático de una manzana rota
      por la furia y la culpa,
o lo que pensamos sin saber del equilibrio
que arriesgan los falsos paisajes y enseres antiguos

atrapados por un retrovisor que ve
rumbo al desierto de Atacama.
En tu jardín sintético y espejos esféricos
no amanecen crías de insectos mantis
ni la familia de los ecos en nuestro desayuno
después que fallecieron mis hermanos
mientras veneraban la creación y metamorfosis de
    los hechos
frente a la placenta que divide a la muerte y tu vida.
Y no quisiera conocer ni complicar más mis sueños.
Con dignidad de gavilán alzo una mano
para reclamar el hechizo de ascender y señalar
    la tiniebla
en lo que carece de razón y la carne,
y gesta una señal de naufragio
por la negación del bien y amenaza a nuestros
    sueños.
Suelo recordar a un soldado del Vaticano
que se cansó de custodiar al espíritu santo
frente a una fuente agrietada de cemento.
¿Qué habrá quedado del amor sin adolescencia
en las góndolas venecianas?
Nos mira la Gioconda aturdida en el Louvre
por tanta fotografía y turistas sin criterio
y rehúye del flash y la cámara
que evade el cuello y zureo
    de las palomas parisinas.
No encuentro el corazón
    de una concubina fantasma

ni su ración de aceite para alumbrarse
       en la penumbra entre calaveras
de nobles, plebeyos, ranas y la peste romana.
Convivo con lo insulso, lo inexplicable del ser,
el homicidio y la arteria seca de los mártires.
Abro tu boca y trago agua desde el recuerdo.
Mi asombro ante el Mediterráneo
gira como una moneda medieval inesperada.
Te convierto en luz. Saldremos del arbusto.
Aún viviremos en lo invisible.
Has dicho todo lo que eras.
Debo resucitar a los insectos
       que aún no se procrean.
No me niegues,
existo en el olfato de los ciervos
       y osos de México.
Otra puerta del mundo y el tiempo
abre una cuidad
y lo que he visto
si algún día retorno a Europa.
Todo es olfato,
todo es una realidad
sobre las osamentas de los dioses.

Hombre y su paraguas

El hombre finge y su paraguas surge de un sepulcro
de asfalto y humo, ante tanta angustia y homicidios.
El hombre finge que no ha fallecido,
mientras llueve, llueve, llueven disparos y puñales.
El misterio y la vida se incrustan
en una estaca y sobre las sepulturas.
No sé si este hombre que finge sea
sicario incipiente o un poeta de los justos
que se disfraza para no ser perturbado
por el vértigo de lo oscuro.
Los cuervos no duermen, conspiran,
no abandonan el horror ni su graznido.
Talvez teman alguna palabra
de ese hombre que no finge y muestra
un trozo de músculo que aún sobrevive.
Cuervos y el hombre que finge
actúan como personajes de Gotham.
Todo huele a aceite, huesos, penumbra y crimen.
Me acerco y encuentro naftalina en el útero
      de una tumba.
Sé que se aproxima Caronte con un revólver.
El olor a ceniza apesta en la barca con huesos
      sin origen.
El barrio es un nido absurdo de fantasmas.
Sé que la duda obliga a convertirnos en cuervos
y dientes sobre el asfalto.

El hombre que finge, aunque cae,
vuelve con otro paraguas
y la chaqueta agujereada por su otro yo
    muerto que huye.

Un cilindro de gas no garantiza la existencia de los derechos humanos

Dentro de un teléfono lo invisible y la fortuna hacen de las suyas, guardan años en nuestras bolsas de lino. Alguien señala que tu madre ha tenido más de cinco maridos. La guillotina pública ya no acoge las sorpresas conyugales. Una progenitora, antes de su suicidio, insiste en el auricular que aún le queda amor para el hijo que no la ve hace veinte años. Los maridos, insulsos, se fueron. No contaron los escalones ni las baldosas de un destino fracturado por el miedo a la cama y el fastidio. Ninguno defendió la casa hipotecada ni a los familiares en las sepulturas. Nunca supieron que un cilindro de gas no garantiza la existencia de los derechos humanos. Aunque sí se conoció que andaban las bolsas con cerillos y un encendedor para cuando se inmolaran. Uno reclamó que nacer en un país no garantiza defender la patria como suya y que tuvo más fe en el retorno de los pájaros. El último saltó por la ventana y desapareció ladrando como un perro. De todos, apenas se recuerda al que movía los ojos y la boca, según la voluntad y la locura de sus crueles demonios. El mundo de las depresiones, la ropa y los hijos en la calle, para dejar de soñar, no lo es todo. Dentro de un teléfono, con una respuesta urgente o el silencio, se retoña o se muere.

CENTRO DEL MAL Y EL BIEN

El centro del mal vive en una piedra
que pesa lo que el tiempo dura
en torcerle el cuello a los sueños.
El centro del bien levanta una piedra que pesa
lo que el tiempo dura en recordarle
el sueño y la justicia a tu memoria.

EL BAR DE LOS MUERTOS

Un hombre de piel ósea
no recibe billetes de pago ni monedas.
Nunca gira la espalda contra el espejo
porque no quiere que lo confundan con Caronte.
La penumbra devora platos sobre la mesa
y la pared de tablas primitivas.
El piso de metal antiguo y madera crujen
con tono de recinto fúnebre.
¿Qué ocurrió ahí
para percibir el aliento de los muertos?
¿Quién se habrá enamorado
al escuchar música de Leonardo Fabio,
con estantes de botellas vacías
y el humo de los cigarrillos?
El frío de noviembre evoca los sepulcros.
Qué habrá pasado aquí, dije a la próxima botella.
Respiramos el polvo de la ultratumba
antes de viajar al hielo en la rocola.
En este bar vi cucarachas bajo las vajillas.
Los insectos presagian muerte
      en los pensamientos
de un menú de difuntos
      en condiciones no naturales.
En la vitrina hay sogas, revólveres y puñales.
Se mueve un fantasma bajo la Venus de porcelana
y un mueble barnizado por la desmemoria.

Sabemos que las lunas,
en vez de retornar hacia la puerta,
se empecinan en amanecer
      sobre una nota que dice:
Aquí existió el bar de los muertos.
Aquí viven todavía quienes nunca se arrepienten
después de robarse el ron, con descaro,
y seducen a las mujeres con rock y boleros.

Memoria

En la bitácora de un paraíso tu sexo
no registra ninguna perversión ni huida.
Ojalá seamos un festín para el verano.
No muestres cansancio ante mi carne
ni escondas el evangelio de tu sangre.
Los seres alados no ríen ni traman bromas.
Son horriblemente aburridos.
No se ponen erectos, pienso yo,
aunque les muestre su vulva la mujer ángel
que desean en las literas
odiosamente puras y pecadoras.
Hace frío, miro el portón metálico
y la llave no me permite guardar
el cuerpo blando y caliente de la memoria,
que nunca duerme si no la poseen tus demonios.

Pienso en el tiempo

A Xavier Oquendo Troncoso.

Nos miran desde su muerte un tigre y el vidrio.
La selva ruge.
Piensa en el tiempo del hambre, el poeta.
No sabemos qué hacer con un sepulcro y la nada.
Pienso en el tiempo de las serpientes
y la garganta de los leones libres.
No dudes que la muerte de un elefante
      desgarra la belleza.
Piensa en los simios longevos.
Pienso en las pezuñas y un oso congelado
que muerde el hielo en su propia sangre.
Piensa en el retorno de los océanos.
La fisura del oxígeno es terrible
y la noche de los cocodrilos
y las anacondas paralizadas por el fuego.
Nunca olvides el incendio de una palabra
ni la edad de la ostra lamida por lo salobre.
Pienso, Xavier,
      en el tiempo de los primeros seres.
Desata tu luz en una cebra
y su fortuna al no ser devorada.
Entonces, no pienses en el tiempo
porque, entre selvas y ciudades,
ruges como un tigre del Cotopaxi y sus espíritus.

TUMBAS ORILLADAS, MAR O TIERRA

La distancia anochece y no concluimos.
Algo queda para un después y el quién sabe
en la cabeza de los miserables.
No se rompen las grietas en la taberna.
Lo que imaginas nunca se olvida.
El que ama y huye huele a disparo y carne viva.
Barrios y kilómetros no concluyen
donde se toma el té y no caben
palabras porque nos astillan las piernas.
Una patria no existe y te empuja,
te arranca de raíz los ojos.
Sabes que te amenaza una frontera sin retorno.
El pasado te abraza, te advierte de la muerte
y las tumbas orilladas, mar o tierra.

El pasto y caballo

El pasto seco es preludio o muerte
en las manadas salvajes y corrales.
Ocurre lo mismo con el caballo
que camina y no rompe las piedras, ni bebe,
ni mueve su lomo mientras muerden los tábanos.
El pasto espera el invierno.
Importan los horizontes quemados.
El miedo parte el espinazo del relincho y el frío.
Los sacrificios equinos sobreviven a otras épocas.
Aparece un caballo y huye el apocalipsis.
Pero desconfiamos de la bala
que aún no se ha incrustado.
Concluimos que un caballo puede rastrear
sus crines en el corral del inframundo.
Para salvarlos imaginamos albardas y otras botas,
la huida es eterna como la muerte de un caballo.

VICTORIA

No he descifrado tus sueños.
Veo mi ciudad y la sangre de los santos mendigos.
Esta verdad, como manta, cubre mis ojos.
Quiero escarbar la grieta que cruje.
Tu mundo solo ve ruinas,
no encuentra sabor a carne en los amantes.
No niegues el sacrificio por los muertos.
El llanto te hace fuerte.
Una canción de tribu cae en la nieve.
No sé si confiar en la soledad,
en las caravanas, los éxodos, el sepulcro
o la conquista de quien si ama muere.
Desconozco tu gloria
y si hubo un idioma puro,
hubo profecías en el arbusto
y las rocas del risco sagrado.
Las palabras son mi destino.
Huye, muerte, lejos de nuestros hijos,
no intentes masticar sus sueños.

EMBRIAGUEZ

Te embriaga el abrazo de los misterios.
Te embriaga la noche.
Te embriaga la mano del trigo mientras llueve.
Te embriaga el corazón incompleto de los libros.
Te embriaga la ruina convertida en arlequín de
      cartón duro.
Te embriaga, a pesar de todo, el silencio
en el costado de un pájaro
porque la belleza lo salva de no ser crucificado.

A PROPÓSITO DEL INVIERNO

Gansos y gatos pelean con sombrillas en la tormenta de un espejo. Las metáforas no acostumbran gabán durante la noche. La poesía gira las llaves de las criptas para despertar a los amantes dentro de una cabaña y un río. Un caballo y su fatiga nos dejan sin recuerdos. Hay canciones de tabernas y oropéndolas predestinadas a derrotar la nostalgia. La muerte no engaña a la muerte, se le dijo a un poeta quien, desde su infancia, prometió cabalgar entre ejércitos de gansos y un gato que celebra los relámpagos sobre los despojos de plumas y sus maullidos.

DEUDAS

El silencio de una mujer no se discute,
        se teme.
La palabra de una mujer no se calla,
        se anuncia.
El deseo de una mujer no se posterga,
        se impone.
La ternura de una mujer no se debate,
        se interna.
La belleza de una mujer no se mata,
        se salva, resucita.
La espera de una mujer no se pospone,
        se conquista.
La pasión de una mujer no se agota,
        se incendia,
        se habita,
porque nunca será desprecio ni ceniza.

LANZA HUNDIDA EN LA TIERRA

No abandono tu peso ni tu mano.
Hoy no hago de tus dudas un becerro.
No importa que resulte un desahucio el deseo,
una bagatela, un ripio lírico,
por decirlo de otra manera.
Esperas la reconquista en Troya
que hunde las naves en tus rencores
o porque Moisés, a pesar de su ancianidad,
apenas soñó el mundo prometido:
así es como la miel se hace polvo o sueño.
Paga con tus recuerdos
      cada fragmento del olvido.
Los saberes de la piedad y el eros son lo poético.
Nos derrumbamos como una canción
de equivocados profetas en las fronteras carnales.
La última vez hablamos
      de ríos, aves mágicas y prehistóricas,
en la playa sin ecos y una lanza hundida
      en la tierra.

Como una gacela

La siento. La huelo. En verdad la vivo.
La comparo con una visión de gacela bajo la lluvia
y ese calorcito que conozco a pesar del frío.
Y esto nos es todo.
O si lo prefiere se marcha con tinta de la bruma.
A veces la sueño.
La poetizo de vida y cuerpo entero.
La encuentro ardiente en una gota de lluvia.
Y están bien las cosas cuando ella es ella.
La coloco en la columna de un poema.
Siempre me estremece
      con su nerviosismo de gacela
que se asusta de mí, porque mi mano se atreve
y le quema el lomo húmedo.
Por ciento, las gacelas son expertas
en la belleza que cierra, para siempre, los ojos.

BURBUJAS EN LA ORINA

Entre las burbujas como trozos de bauxita,
me estremece el rostro antiguo del universo
donde un reino es lo corrosivo,
lo que se desecha para el posible equilibrio;
ahí, donde el poder no tiene sentido
y la voluntad es resistirse a la nada
o no sobrepasar la libertad del otro.
El escape fecal de un inodoro
condensa la leve penumbra
y simula el rostro de los beduinos
o una escultura femenina antigua en América.
Veo, como fantasma sosegado,
la cabellera de burbujas en la orina
y me extraña oír un susurro de mujer
que emerge de un oráculo imaginario,
cuando abandona la cabellera alcalina
y me besa sin que la ahogue
el aliento de un ángel con hambre y oscuro.

Su nombre significa

Calla o me acompaña con la luz
en una casa con hijos suyos y los míos.
Su nombre significa "río, riachuelo".
Es Melba y ordena la habitación
mientras respira con lámparas
que siempre encuentro encendidas.
No solo sospecha, intuye,
sabe cómo se sufre en un poema
frente a la belleza de los muslos.
Pienso en los túmulos de nieve
que resisten la pelambre de un oso
cuando se aleja el invierno.
Ella existe en el más allá de lo que vemos,
en estas diminutas ramificaciones de hojas
y un arroyo que nos lleva a una idea de los sueños.
Ella no solo libera sus palabras
      y las convierte en sed de arbustos
      y una huella de mano en la arena.
Ella me explica la leyenda del porqué una aguja
existe en un retorno que enhebra el hilo rojo.

LA PIEL POSEE

a.-

La piel posee significados y deducciones
aun sin la libreta y el espasmo de los diarios.
¿Esa no eres tú?
La poesía como ángel en los escombros
no siempre salva su recuerdo
ni se disfraza de musgo o cadáver.
Busco en la computadora algo
que se parezca a la cabeza de una Venus
y las gavetas donde guarda la memoria
de las ninfas que derriban a los faunos.

b.-

El silencio tiembla en tu cabellera.
Las palabras caminan sobre tus muslos,
heridos por el miedo al olvido.
Anoto cada detalle en las orillas de las sábanas.
Tu vientre cruje en silencio.
Duermes con el deseo de un amante y su carne.
O concluyes que los cuerpos no resuelven
lo que acumula el tiempo.

c.-

Una cama paga por los apetitos de nuestra vida.
Mis ojos conocen el sudor en tus caderas.
Eres una razón que conquista y me deja mudo.
Entonces defiendes tu destino y no aceptas,
      para nada,
quedarte en el infierno.

CANCIÓN

Esta canción y mis recuerdos
    son la razón de tus olvidos.
La esperanza no es solo mía.
No te compete levantar una casa
    con enojo y humo.
Ahora dialogan el desabrigo y los insomnios.
Es hora de salvar el perdón,
lo no confuso y el buen gusto por el martirio.
Suena amable que la noche nos abrace desnudos.
El tiempo intenta y evoca
    la razón de los derrumbes.
No es todo para siempre.
Falta lo que niega un paraíso
donde solo un idiota no se roba los candados.

MUJER SOBRE EL TEJADO

No escucho su queja bajo la lluvia,
tampoco al gato,
ni la mariposa Tau en la madrugada;
no percibo la pizca de soledad en el vidrio;
no siento al sol que nos devora sin hambre;
no crece el musgo en la polvareda;
no rompe su cuello una chaqueta en el invierno;
no tiembla una sola uña de mi fantasma.
No es su sexo lo que hierve;
no es el deseo que rompe las cobijas.
La mujer sobre el tejado tiembla
y no se asusta del porqué respira sola.

3:30 A.M.

I

Algunos perciben la hora de sus demonios.
La madrugada huye de las luciérnagas.
Una obsesión persigue a los amantes
que asoman a la comarca de sus recuerdos.
La mujer y su hombre cargan la historia
que significa vértigos y arterias rígidas.
Ambos saben que toda carne se alimenta
de lo que no se sabe si es la esperanza.

II

Si no reconoces tu risa,
algo ocurre en el eco de su cabellera.
No percibes la sombra de su vulva que huye.
Nadie es huérfano por un fracaso si no amas.
Lo que amanece muestra
tu traje de monstruo sin deudas.
El deseo aún no se astilla, entonces.
La madrugada usa arsenales de espinas.
Sangra todo lo que no nace desde un rugido.
A veces tiembla algo más que una palabra.
El amanecer te desnuda.
Así te devoran una trampa y la boca de un ángel.

(Variante 2)

Despierto y mi memoria está
en la puerta que únicamente se abre
con golpes de metal y un deseo por el olvido.
Para qué forzar el candado, dije.
Una vez desnuda, mordí tu piel;
pero, de tanto recordarte,
entré en pánico y corrí hacia el vacío.
Sí, entré en pánico y corrí hacia la desmemoria,
como el fantasma que da vuelta a su retrato
      y calla.

ALCOBA Y VINO

*

Ten fe.
Tu reino, aunque no lo creas, será demolido.
Tu creencia en la Troya eterna ha concluido.
No montarás caballos desconocidos;
el hado te lanzará contra una muralla
que atestigua con cadáveres,
por una gloria que unos dirán es verdadera;
otros, con solo mencionarte, vivirán ofendidos
porque deshonras a los héroes.

*

Ten fe.
Él no abandona su astrolabio
y, sin que lo desearas, llegará hasta tus ojos.
Mira la línea del retorno,
celébralo con viandas y vasos sagrados,
donde no se guarde el deseo con que tatuó
en los barcos a las concubinas.

*

Ten fe.
El retorno es inminente,
muy de batallas y hazañas.
Muy de amante sin islas,
      casa de citas ni recuerdos.
Él ha ordenado el convite por un retorno
      al deseo,
al corazón y al porqué de la eternidad
si, irremediablemente, morimos.

*

Ten fe.
Ofrécele alcoba y tu vino.
Que estén lejos las doncellas,
que haya escasas antorchas en los pasillos.
Tu voz y su silencio juzgarán
por qué tardó (el impostor de Odiseo)
mucho más de lo esperado.
Las señales del cielo fueron claras,
al decir que él jamás, sin tu carne, amaría.
Desnúdate, no simules más la espera,
saca en silencio tus cuchillos.

ANIMAL

La mañana aparece sobre el ruido del mar
      y tus deseos,
pero ciertos amantes reniegan de los salvavidas.
Él cuando propone ella habla, se consternan.
El mundo les recuerda las uñas astilladas
      de un animal
que se alimenta de la imaginación y la carne.
La mañana a nadie salva,
la felicidad es una estaca inesperada.
El desasosiego deja marcas en los relojes
y las malas noches para los ojos.
La mañana no se hunde en los intestinos
después de la batalla feroz por poseerse.

LÁTIGO

No pienses en Pavese ni las colinas
del somnífero para el suicidio.
No te unas a los ángeles fallecidos
y su equipaje con trenes que se incendian.
Siente el látigo del odio contra Vallejo
o escabúllete. Todavía hay tiempo.
Un día dirás a Whitman que invoque
sus cantos para que no nieve en Nueve York.
Alguien sabe que te niegas y amaneces
     sin sombra.
No puedes detener por qué aniquilan tu nombre.
Nadie interrumpe el error.
Cuando pienses que nada tiene sentido,
ve, toca con una mano el infierno,
sácate del intestino la pestilencia de una palabra.
Entonces, si no la salvas, huye, desángrate.

LAS FUNERARIAS HUELEN A UN ANIMAL

Lo que olvidas dura
lo que una vida ambiciona del recuerdo.
Intenta reconstruir una ciudad en lo invisible,
obliga a la muerte a los sótanos y trenes.
Las grietas se convierten en fantasmas
que acunan incertidumbre y roedores.
Busca morir
sin los excesos del cansancio.
Las funerarias huelen a un animal
que desgarra, desde tu tiempo, lo salvaje.
La vida escucha dentro de la urna
y te arrebata las cenizas.
Ya no esperes
a que nos derriben ni descarnen.

INFANCIA

> A propósito de
> *El tratado elemental sobre la composición de las cosas*
> DANIEL MATUL

Mi infancia crece con un árbol de guachipilín
y la edad de su silencio entre las piedras.
Olvido y una casa son lo único que tengo.
Todo lo dejo en los arroyos para reescribirlo.
Nada ha dejado de ser agua y viento.
Nada abandona el regreso a las rocas
perforadas por las estacas del invierno.
Las colinas tiemblan y cantan.
Hubo imperios y dioses bajo esta tierra,
hubo cerros que sepultaron los recuerdos,
hubo un cráter Santiago, hubo un Comalito,
hubo un Nindirí, el San Pedro, el San Fernando;
hubo la caldera de lava del volcán Masaya.
Mi infancia fue musgo y miedo en el páramo.
Por eso el tiempo es un reino
en el ojo de una lagartija que nos habla.

CASA

I

Los gatos perpetúan la retratera
que cae sobre una alfombra.
Maúllan junto a un retrete.
En esta casa guardan y afilan sus dientes.
A los gatos no los vence la desgracia.
Los gatos observan a la hermana mayor
      de un padre
y una abuela se distrae cuando ríe
a un dios oriental dentro del escaparate.
Los gatos pasan sus patas
sobre las baladas de una victrola,
piden vasos con agua y los arrojan
      sobre el césped.

II

En otra foto los hermanos de Asís
bajan la cabeza ante la luz de un Cristo
y se hunden en la tierra de los difuntos
porque ahí han vivido pobres, siempre.
Durante años atrapamos a otros felinos
        en la cochera.
Para recuperar la casa,
nuestros gatos nos dijeron
que sus ojos huían de los muertos,
pero en las conversaciones del barrio,
por crueldad, ya nadie los escucha ni recuerda.

SUEÑOS

Algún día sabrás lo que piensa un niño
que lee a Gandhi y cierra intrigado los ojos.
Él conoce tus sueños
mientras pone los suyos
sobre un paraguas porque nunca llueve.
Ese niño te espera
sobre una carretilla de madera
para que tu silencio le hable.

ASAETEADOS

Por exceso de santidad
caen ángeles sobre un plato con albóndigas.
Reclaman la llave de la impureza y los deseos.
Su humanidad fastidia porque fingen lo eterno.
El tiempo les da palabras
para que el frío penetre en sus alas.
Esta pureza tiene peso y medida
o algún algoritmo que la enmascara.
Un ángel desnudo provoca placer
y amedrenta a mujeres y hombres solitarios.
La pureza a veces traga perversiones.
En los textos de lo puerco
los ángeles abandonan su limpieza
y caen asaeteados por la droga del descaro.

LA CABEZA DE UN PERRO

Respiras los olores turbulentos de la calle.
Conoces el peligro
        donde anidan palomas hojalateras,
palomas vende ropa o helados.
En los techos sobreviven reptiles sastres
que venden corbatas y gabanes.
Los insectos observan a las lagartijas.
Amaneces y no cambias tu ropaje,
tu penumbra ni tus sueños.
No te peinas, no te lavas.
La indolencia te atrapa
y no permite el misterio,
entre los jardines y sillas
donde la casa aloja a tus padres sin ojos,
tus padres que imaginan un horizonte
sobre la cabeza de un perro.

Cuando la poesía no perdona

Poesía que estás en lo inefable y el golpe inesperado de lo predecible, de lo inhumano, de lo sagrado, de lo que se olvida; estás en el cascarón de eternidad y el grito de un niño sin carnes; estás en lo que aturde con tanto sol que seca el hielo, que priva de vida a una semilla entre las piedras semejantes a cajas con la memoria del cosmos; estás en una grieta sobre el hueso de los torturados; estás en la espiga de humanidad que traiciona su destino y se aísla, y no ve que el horizonte es ajeno y lejano, y cede al absurdo. Poesía, perdona tanto infierno, tanto paroxismo vano, tanto éxodo en las calzadas de un viaje hacia la nada, tanta traición para fingir un cielo, tanta profecía inútil en las ilusiones, tanta penumbra entre los ojos donde un gato o una loba reina explican el origen y misterio de la vida. Poesía, danos el sentido de la paz que olvidamos. Pregunta, obliga, exígenos respirar en la misma colina donde el milagro comprueba que la hermandad es posible. Poesía, danos el conocimiento y la fe que salvan. Y si todo no es así, nunca me perdones.

En literatura

En literatura una parábola deja tazas de trigo a las aldeas, deja un gesto ambiguo de paradojas, deja lobos que devoran peluches y lirios, deja alegorías que desabrochan significados, deja contrastes que encaran tiempos y ranuras, deja un antónimo del botiquín vacío al no reconocer la nariz rota de tu enemigo. Todo lo desata el caos. Las disonancias muestran vértebras y significados con irrupciones de alfabetos antiguos. Deseo que los diccionarios no semejen casas embrujadas ni madera carcomida. Si fuéramos ángeles, roca, pozo de iluminaciones; si amaneciéramos como cuchillos doblados, si nos encontraran siendo caballos en establos internos del lenguaje, habría misterio, habría magia, habría hechizo para abstraernos de la fantasía, sin un sitio donde recordar mundos irreales. Las palabras en un diccionario y que no siempre duerman ordenadas, semejen clínicas para curarnos del olvido. Para la poesía es una tragedia no poder con un pez en el océano ni el olor rebelde de las amapolas. No podríamos usurpar un personaje como Otelo, ni ennoblecer sin sexo la furia de Aquiles o poner peluca de unicornio a Virgilio. La poesía que no idolatre la barbarie, que no se exceda en volver relojeros a quienes nunca despiertan, no se exigen arropar las relaciones entre el caos y el imán del misterio en la vulva de la barbarie.

En lomas de San Antonio

Ayer leí a Gamoneda.
Siento frío. Oprime el hielo.
Un papiro cuelga de los árboles.
¿Una idea de paz involucra a Tranströmer?
Un microbús escolar ruge con el aliento
        de los pájaros.
En Lomas de San Antonio,
el cielo es un mediodía prístino
para la aparición de ángeles
que no desean sobrevolar las calaveras.
En el cielo de Ucrania y Rusia les disparan.
Huyen para alertar del escombro y los féretros.
En un rincón del universo vuelve a sufrir Vallejo
y los perversos despellejan a un perro callejero.
El silencio explora su resonancia
        de montaña nevada.
El Arcipreste de Hita mira que en los féretros
cada cadáver muerde otra flor amarilla.
Un canto navajo y Whitman me susurran
que me levante y escriba
        desde los grandes espíritus.

LA POESÍA EMPIEZA

La poesía empieza
en el esperma íntimo del demonio
y la ternura sin carnes.
No se piensa, demasiado, un poema.
Con solo tocar la arena puedes anegar un océano.
Comienza en la raíz de tu lenguaje
y no sobrepases el olvido.
Ve, háblale al ego imaginario
para que te responda
desde las cenizas y sus palabras.

EL GRILLO

A la hora del silencio, el grillo dice:
Nazca en mi mano su lenguaje
       con vino y penumbras.
Su voz se meta en el corazón de mis hijos
y me deje nostálgico, cuando el tiempo les herede
bajo los pies un barrio y mi vida.
El grillo no oculta su canto.
Lo escucho en los Beatles o los pisos musicales
que golpean los dedos de Beethoven.
Mis hijos han crecido, hasta entonces,
con dos grillos secretos en sus bolsillos
 y los sacan, únicamente,
para dedicarme   sus pensamientos
           o el retrato de los recuerdos.
Cuando ellos van alejándose,
       de lo que estuvo en la sala y la nostalgia,
el grillo los ve grandes en la distancia
       y me narra cómo han pasado los años
              con una ventana
     y los adioses que no son para siempre,
o indican el peso amoroso
       de esos hijos en mis hombros.
El grillo yace en la mesa blanca.
He construido una diminuta estatua de aire
para que cuando despierte,
       en un acetato de Pavarotti,
crea que todavía canta, canta y canta.

PIEDRAS

Las mujeres sueñan dentro de las piedras.
Viven en la ranura de las piedras
donde descifran la antigüedad de las piedras.
Sienten el corazón de los reptiles en las piedras.
Se meten y salen del amor en las piedras.
Conviven con geometrías humanas en las piedras.
Tienen casa y descanso en las piedras.
Se echan y levantan con el sol en las piedras.
Dan vueltas y reacomodan el misterio
      en las piedras.
Calculan el tiempo y el tamaño del cielo
      en las piedras.
Saben de sus años adolescentes con las piedras.
Escriben la canción de su olvido en las piedras
porque leen la vida del agua en las piedras.
En fin, las lavanderas no llegan solas
para separarse de las piedras,
porque esas piedras tienen otros hijos
que engendrarán otras piedras.

Frío

Las madres conservan en el útero a sus hijos.
Leemos sus epitafios en las piedras.
En muchos países mueren jóvenes.
Los torturan.
Mueren o los niegan en las prisiones.
Las madres se pintan el rostro
con el dolor de sus hijos.
Las madres no se arrugan.
Madres que observan la libertad
en los retratos de sus hijos
y no callan, se multiplican,
no temen al mordisco de la tiniebla ni el frío.

CANIBALISMO

La muerte rompe la carne de los jóvenes
en una sala de torturas.
El monstruo intenta que no caiga su reino.
Todos los tiranos, entonces, ordenan:
Quiebren los huesos a quienes aún aman.

DIGNOS

El niño grita sobre las rocas.
Muestra una galaxia en un durazno.
¿Esto quien lo juzga?
Un pájaro raspa su lengua sobre una roca
      y tiembla.
¿Esto lo dice un diccionario cuando se refiere
a los insectos y aves sin accesos al sabor del sexo?
Un niño escucha el derrumbe de la selva.
¿Esto lo dice un diccionario
cuando se refiere a los *macropus rufus*?
Un niño pregunta cómo dialogan el pez
      y el vaso con agua.
¿Esto lo dice el diccionario cuando se refiere
a las truchas en la red de metal cromado?
Un niño corre como bisonte negro.
¿Esto lo dice el diccionario
cuando se refiere a los cuernos
que derriban colinas y túnicas de trigo?
Un niño traga puños de luz en los arroyos.
¿Esto lo dice el diccionario
cuando se refiere al H2O
con hidrantes y la historia de tu sed?
Un niño arranca césped de sus cuadernos.
¿Esto lo dice el diccionario
cuando se refiere a la memoria,
su gota de tiempo y altares de magia?

Dejemos que nazca el disgusto

Lo que responda un pájaro
no lo sepa el puerto de Puntarenas,
ni las nubes enanas aferradas a un graznido.
El aire raya una página que rompe la tormenta.
En la sed hay resistencia.
Dejemos que nazca el disgusto
con la temperatura de una ofensa
que sobreviva al equilibrio.
Todo pájaro no deje de amar,
que cante a quienes no se suicidan,
a quienes escuchan que están vivos.
Que piense este pájaro en los gavilanes
y la amenaza a sus territorios.
La teoría de la violencia
guarda para sí una culpa de taladros.
O se oculta el falso pájaro
cuando en silencio le disparan.

Eco

Responde a tus huesos congelados
con una comedida olla de sopa.
Los cuernos y el silencio
no se parecen a los poderes del minotauro.
Muta un eco detrás del escenario
donde la sombra simula ebrios reptiles
que visten ropas de actores trágicos.
Nadie acepta el error de tu palabra,
teme el caos de lo que no tiene rostro
y actúa según los crímenes en un reino.
Créanme, señores espectadores,
a pesar de las huellas y mi sangre,
deben deducir que ahí yo nunca estuve
a pesar de la olla vacía y dos platos.

LA SAL SIGNIFICA

Talvez la sal signifique cautiverio
de un condenado a muerte.
Una tripulante aparece en tu alcoba,
se zafa la braga y la conviertes en sirena.
Una vez amantes, ambos sienten que están vivos
tras las sombras de los barrotes.
Imaginan la belleza y su desnudez.
Ella canta con tempestades.
Esta sirena invoca el silencio y te devora.
Sabe que si huyes la memoria te condena
al retorno y a tu casa,
donde te verán volver
con una pierna y un brazo menos.

Tono de leyenda

No esperes al sol en una calle de Moravia.

Sibú,
dominador de la tierra y los buenos pensamientos,
creó la luna que representa a la mujer o viceversa.

Sibú
se propuso crear la belleza.
El sol sería hombre; la mujer, entonces, la luna.
Una muchacha se apoya en su amante, lo abraza.
No se queman, no incendian diciembre.

Sibú
equilibra el corazón,
deseo que no establezca
entre hombre y mujer diferencias.
El amor sagrado son las constelaciones.
La semilla encuentra, en el amor, su carne.
Amor y placer no deben separarse.

El sol primero,
la luna después, según el padre Sibú.
Para Sibú
el sol antes que la luna
o a lo mejor cambió de pensamiento.

Los dioses trenzan misterios,
son impenetrables.
Conocen a sus pueblos,
surgen del centro y el tiempo.

Sibú
sabe que el amor quema a cada instante,
ningún cuerpo debe apagar su incendio.

JAULA Y PÁJARO

Frente a una jaula, por engaño, un gato gorjea.
Morir sin seguridad descabeza el sosiego,
le impone otro destino a la inocencia.
Hoy lo que grazna es un monstruo alado.
El horror reina dentro del encierro
y el gato defiende
lo que no respira en un arroyo.
Salvemos al mundo, me dirá con sus maullidos.
El bullicio de los niños escolares rompe las alas
a un gavilán que aún no hemos enjaulado.

Abanico japonés

Para el poeta Javier Alvarado.

El verde tiembla en el centro de un loto. Bebo el sake, aprendo los ritos del arroz. Un bambú místico dobla su sombra, las aldeas destejen soles rojos en la pequeña barca que navega hacia la ribera y una mesa de piedra. La tarde y el haiku me enamoran. Me inhiben un espíritu de agua y el musgo, y el círculo de una tarde sobre el aire. Con nostalgia enciendo los faroles. Respiro sobre pozos de lunas sin poetas ebrios. Las espigas de los gladiolos semejan manojos de luz. Un acetato con flautas milenarias ondula en el estanque. Murmuran reflejos de hombres en canoas y peces con la belleza de sus aletazos. En otras tierras destruyen al mundo, hay ejércitos y reinos para imponerse. Aquí la luna flota sobre un manto rosado. Una moneda de hojalata, en el fondo, paga el misterio del musgo. La noche se congela y no me mira. Hay sal y mar entre butacas que imaginan los barqueros. Danzan meseras con blúmeres transparentes, detrás de los baños o el inodoro de una taberna que gime entre el bosque con halos sagrados. La luna no resiste mis palabras, se convierte en paraguas o abanico japonés para ventilar el graznido de un ave dorada. La luna gira, está presente con Lorca. Hoy siento la presencia extraña de los gitanos que no beben ron en la sombra. Los grillos alzan sus cabezas en mi pensamiento. Los hombres sí, pero no las aguas, pueden ir a fronteras extrañas y prohibidas. Un pescador hunde su remo y el otro imagina la barca de madera. La luna es un tigre blanco sobre techos y transparencias azules. La mesera ríe y permanece orillada al invierno. Un paraguas, el abanico japonés y la nostalgia me narran lo que no vuelve. Sentimos el vapor de la sangre y las palabras. La taberna da vueltas al silencio y abre otro abanico japonés en la imaginación que conversa con la tarde.

UNA MUCHACHA A LA HORA QUE TE MARCHAS

La ciudad respira con autos congelados.
Temes a una manada de caballos y al fuego
del apocalipsis frente al terror de tus hermanos.
Levantas la sartén del hambre y la grasa seca.
No deseas ser uno de ellos.
El frío es cruel, te empuja contra el vidrio
donde asoman cabinas de taxis y bares nocturnos.
No te provoca placer ninguna profecía.
Los insinuadores de la grieta descienden
      al sepulcro.
La belleza vuelve con una muchacha
      y tu adolescencia
pasa con su canasta sedienta de naranjas.
Los padres dementes maldicen y tragan relojes.
No comprendo cómo saben que te marchas
y cuándo les dirás ya es la hora,
no los quiero ver podrirse
      en sus ataúdes de cemento.

La lente del telescopio

La lente del telescopio espacial Hubble, con su mañana de marzo, no apunta al fondo donde su ojo alcanza el universo. No. Estaba sobre Managua. Estaba como paloma de piedra sobre la Catedral. Estaba sobre el féretro del hijo de la poesía, el hermano de la historia, el alquimista de la biología nuclear. En verdad, movía un planeta o una estrella en los talleres del neutrón y los protones, hasta la simbiosis y transmutación para el retorno del Cosmos, a la partícula del origen y su viaje al presente como una perdiz, como un lago, como el remo, como los salmos en Solentiname, como la Nicaragua del llanto, como el campesino que aún sueña en los caminos y telégrafos con el amor y su idea de libertad desde Niquinohomo. La mano del Creador mueve ese telescopio. Mueve la memoria de sus hijos, mueve a un pueblo, la voz amenazada por zombis. El telescopio comprueba que los dictadores temen a los poetas. Temen a la legión de las palabras. Los ojos del mundo ven y escriben, en el cuaderno de la memoria, el agravio contra el hijo de las galaxias, el hijo amante del misterio y la belleza desde Merton, desde Whitman, Emerson, Einstein, desde la piel y los ritos de los navajos, de los siux, desde el estanque y los lirios japoneses, desde Kavafis y su sorbo de sal y red en el Ponto y las barcas victoriosas y diezmadas en Troya. El telescopio de la memoria precisa la imagen de Ernesto y la boina y la barba blanca de garza contemplativa y su visión de isla que sueña, que huele los pasos de un país recobrado, libre, "encachimbado" nos diría frente a los animales esculpidos. Sus manos con plumas primitivas crecen donde el agua, los peces, una canoa, donde el tepezcuintle mira la estrella hirviente y mutable. El telescopio descubre la ruta por donde va Ernesto, donde el recuerdo levanta una mano y la posa sobre su féretro y dice: hermano, andá tranquilo, andá satisfecho, andá profeta. Esa última luz en la selva somos nosotros.

No solo en Ecuador

En las calles de la calamidad un fantasma grita por Quito. Son antiguos los signos zoomorfos con regiones nevadas y ceniza que maldicen los sepulcros. Un monstruo se incrusta en lo invisible, devora cuanto le prohíbe la vida, incluso una astilla que salta de los féretros. El virus deposita exterminio y avanza desde el desierto. Todo corazón huye, las escaleras metálicas y fosas son recurrentes para guardar cadáveres. Nadie niega como posibilidad el fin del mundo. Una daga romana dentro de la vitrina nos recuerda la caída de legiones por pandemias, fuego o el hielo. En los páramos un árbol celebra el reino de los pájaros. Abrazar el silencio y la distancia define a las nuevas familias. Crece el diálogo entre el miedo y la ausencia. Se derrumba la ciudad construida por la memoria de los padres. La peste atraviesa suburbios, muestra la cicatriz del infierno. No sé si las mortajas cubran los senderos y piedras durante más de un siglo. Un rostro deprimido nos señala el sabio rito de abrazarnos con el aire verde en la casa invisible de los Andes.

ACERCA DEL AUTOR

Carlos Calero Poeta costarricense, nacido en Nicaragua. Máster en Ciencias de la Educación. Trabajó en la enseñanza universitaria y educación media. Ha sido gestor cultural. Ganó mención especial en el concurso de Poesía Joven Leonel Rugama. También ha escrito cuentos. Ha publicado en poesía: *El humano oficio*, *La costumbre del reflejo*, *Paradojas de la mandíbula*, *Arquitecturas de la sospecha*, *Cornisas del asombro*, *Geometrías del cangrejo y otros poemas*, *Las cartas sobre la mesa*. El año pasado publicó en Ecuador, *Hielo en el horizonte*. El poeta Carlos Pacheco realizó una tesis sobre su poesía. Su poesía ha sido difundida en antologías impresas y digitales de diversos países. Lo han invitado a festivales y encuentros de poesía, tanto en Costa Rica, como Guatemala, El Salvador, Nicaragua; Primavera Poética de Perú y Ecuador, al Festival Poesía en Paralelo Cero. El año pasado 2023 publicó su primera antología *Fingir o imaginar que somos tigres*.

ÍNDICE

Espiga entre los dientes

Defensiva . 13

Señor Baudelaire, encontré una copla . 15

Panero y sus bocanadas de tabaco . 18

Esqueletos . 19

Demonios . 21

Trapecistas . 22

Los perros miran al mar . 23

Olfato . 26

Hombre y su paraguas . 27

Un cilindro de gas no garantiza
la existencia de los derechos humanos . 29

Centro del mal y el bien . 30

El bar de los muertos . 31

Memoria . 33

Pienso en el tiempo . 34

Tumbas orilladas, mar o tierra . 35

El pasto y caballo . 36

Victoria . 37

A propósito del invierno . 39

Deudas . 40

Lanza hundida en la tierra . 41

Como una gacela . 42

Burbujas en la orina . 43

Su nombre significa . 44

La piel posee . 45

Canción . 48

Mujer sobre el tejado . 49

3:30 A.M. . 50

(Variante 2) . 52

Alcoba y vino . 53

Animal . 57

Látigo . 58

Las funerarias huelen a un animal . 59

Infancia . 60

Casa . 61

Sueños . 63

Asaeteados . 64

La cabeza de un perro . 65

Cuando la poesía no perdona . 66

En literatura . 67

En Lomas de San Antonio . 68

La poesía empieza . 69

El grillo . 70

Piedras . 71

Frío . 72

Canibalismo . 73

Dignos . 74

Dejemos que nazca el disgusto . 75

Eco . 76

La sal significa . 77

Tono de leyenda . 78

Jaula y pájaro . 80

Abanico japonés . 81

Una muchacha a la hora que te marchas . 83

La lente del telescopio . 84

No solo en Ecuador . 86

Acerca del autor . 90

WILD MUSEUM
MUSEO SALVAJE
Latin American Poetry Collection
Homage to Olga Orozco (Argentina)

1
La imperfección del deseo
Adrián Cadavid

2
La sal de la locura / Le Sel de la folie
Fredy Yezzed

3
El idioma de los parques / The Language of the Parks
Marisa Russo

4
Los días de Ellwood
Manuel Adrián López

5
Los dictados del mar
William Velásquez Vásquez

6
Paisaje nihilista
Susan Campos Fonseca

7
La doncella sin manos
Magdalena Camargo Lemieszek

8
Disidencia
Katherine Medina Rondón

9
Danza de cuatro brazos
Silvia Siller

10
Carta de las mujeres de este país /
Letter from the Women of this Country
Fredy Yezzed

11
El año de la necesidad
Juan Carlos Olivas

12
El país de las palabras rotas / The Land of Broken Words
Juan Esteban Londoño

13
Versos vagabundos
Milton Fernández

14
Cerrar una ciudad
Santiago Grijalva

15
El rumor de las cosas
Linda Morales Caballero

16
La canción que me salva / The Song that Saves Me
Sergio Geese

17
El nombre del alba
Juan Suárez

18
Tarde en Manhattan
Karla Coreas

19
Un cuerpo negro / A Black Body
Lubi Prates

20
Sin lengua y otras imposibilidades dramáticas
Ely Rosa Zamora

21
El diario inédito del filósofo vienés Ludwig Wittgenstein /
Le Journal Inédit Du Philosophe Viennois Ludwig Wittgenstein
Fredy Yezzed

22
El rastro de la grulla / The Crane's Trail
Monthia Sancho

23
Un árbol cruza la ciudad / A Tree Crossing The City
Miguel Ángel Zapata

24
Las semillas del Muntú
Ashanti Dinah

25
Paracaidistas de Checoslovaquia
Eduardo Bechara Navratilova

26
Este permanecer en la tierra
Angélica Hoyos Guzmán

27
Tocadiscos
William Velásquez

28
De cómo las aves pronuncian su dalia frente al cardo /
How the Birds Pronounce Their Dahlia Facing the Thistle
Francisco Trejo

29
El escondite de los plagios / The Hideaway of Plagiarism
Luis Alberto Ambroggio

30
Quiero morir en la belleza de un lirio /
I Want to Die of the Beauty of a Lily
Francisco de Asís Fernández

31
La muerte tiene los días contados
Mario Meléndez

32
Sueño del insomnio / Dream of Insomnia
Isaac Goldemberg

33
La tempestad / The tempest
Francisco de Asís Fernández

34
Fiebre
Amarú Vanegas

35
63 poemas de amor a mi Simonetta Vespucci /
63 Love Poems to My Simonetta Vespucci
Francisco de Asís Fernández

36
Es polvo, es sombra, es nada
Mía Gallegos

37
Luminiscencia
Sebastián Miranda Brenes

38
Un animal el viento
William Velásquez

39
Historias del cielo / Heaven Stories
María Rosa Lojo

40
Pájaro mudo
Gustavo Arroyo

41
Conversación con Dylan Thomas
Waldo Leyva

42
Ciudad Gótica
Sean Salas

43
Salvo la sombra
Sofía Castillón

44
Prometeo encadenado / Prometheus Bound
Miguel Falquez Certain

45
Fosario
Carlos Villalobos

46
Theresia
Odeth Osorio Orduña

47
El cielo de la granja de sueños / Heaven's Garden of Dreams
Francisco de Asís Fernández

48
hombre de américa / man of the americas
Gustavo Gac-Artigas

49
Reino de palabras / Kingdom of Words
Gloria Gabuardi

50
Almas que buscan cuerpo
María Palitachi

51
Argolis
Roger Santivañez

52
Como la muerte de una vela
Hector Geager

53
El canto de los pájaros / Birdsong
Francisco de Asís Fernández

54
El jardinero efímero
Pedro López Adorno

55
The Fish o la otra Oda para la Urna Griega
Essaú Landa

56
Palabrero
Jesús Botaro

57
Murmullos del observador
Hector Geager

58
El nuevo gusano saltarín
Isaac Goldemberg

59
Tazón de polvo
Alfredo Trejos

60
Si miento sobre el abismo / If I Lie About the Abyss
Mónica Zepeda

61
Después de la lluvia / After the Rain
Yrene Santos

62
*De plomo y pólvora. Poesía de una mente bipolar /
Of Lead and Gunpowder. Poetry of a Bipolar Mind*
Jacqueline Loweree

*

**New Era:
Wild Museum Collection & Arts**
Featuring Contemporary Latin American Artists

63
Espiga entre los dientes
Carlos Calero
Cover Artist: Philipp Anaskin

POETRY
COLLECTIONS

ADJOINING WALL
PARED CONTIGUA
Spaniard Poetry
Homage to María Victoria Atencia (Spain)

BARRACKS
CUARTEL
Poetry Awards
Homage to Clemencia Tariffa (Colombia)

BORDELANDS
LA FRONTERA
Hybrid Poetry
Homage to Gloria Anzaldúa (United States/Mexico)

CROSSING WATERS
CRUZANDO EL AGUA
Poetry in Translation (English to Spanish)
Homage to Sylvia Plath (United States)

DREAM EVE
VÍSPERA DEL SUEÑO
Hispanic American Poetry in USA
Homage to Aida Cartagena Portalatín (Dominican Republic)

FIRE'S JOURNEY
TRÁNSITO DE FUEGO
Central American and Mexican Poetry
Homage to Eunice Odio (Costa Rica)

INTO MY GARDEN
English Poetry
Homage to Emily Dickinson (United States)

I SURVIVE
SOBREVIVO
Social Poetry
Homage to Claribel Alegría (Nicaragua)

LIPS ON FIRE
LABIOS EN LLAMAS
Opera Prima
Homage to Lydia Dávila (Ecuador)

LIVE FIRE
VIVO FUEGO
Essential Ibero American Poetry
Homage to Concha Urquiza (Mexico)

FEVERISH MEMORY
MEMORIA DE LA FIEBRE
Feminist Poetry
Homage to Carilda Oliver Labra (Cuba)

REVERSE KINGDOM
REINO DEL REVÉS
Children's Poetry
Homage to María Elena Walsh (Argentina)

STONE OF MADNESS
PIEDRA DE LA LOCURA
Personal Anthologies
Homage to Julia de Burgos (Argentina)

TWENTY FURROWS
VEINTE SURCOS
Collective Works
Homage to Julia de Burgos (Puerto Rico)

VOICES PROJECT
PROYECTO VOCES
María Farazdel (Palitachi) (Dominican Republic)

WILD MUSEUM
MUSEO SALVAJE
Latin American Poetry
Homage to Olga Orozco (Argentina)

OTHER COLLECTIONS

Fiction
INCENDIARY
INCENDIARIO
Homage to Beatriz Guido (Argentina)

Children's Fiction
KNITTING THE ROUND
TEJER LA RONDA
Homage to Gabriela Mistral (Chile)

Drama
MOVING
MUDANZA
Homage to Elena Garro (Mexico)

Essay
SOUTH
SUR
Homage to Victoria Ocampo (Argentina)

Non-Fiction/Other Discourses
BREAK-UP
DESARTICULACIONES
Homage to Sylvia Molloy (Argentina)

For those who think like Olga Orozco that *we are hard fragments torn from heaven's reverse, chunks like insoluble rubble turned toward this wall where the flight of reality is inscribed, chilling white bite of banishment* this book was published in August 2024 in the United States of America.

www.ingramcontent.com/pod-product-compliance
Lightning Source LLC
Chambersburg PA
CBHW030119170426
43198CB00009B/677